3학년

수학의 신

글 신준식(감수), 고경일, 송수미 **그림** 김병수, 김정수

개구쟁이 미르

감수자 약력

신준식

1976년에 서울교육대학교를 졸업하고,
서울의 초등학교에서 초등학생을 가르쳤다.
1991년에 한국교원대학교 대학원에서 수학교육을 연구하고,
1996년에 수학교육 전공의 교육학 박사 학위를 받았다.
1997년부터 지금까지 춘천교육대학교에서
훌륭한 초등학교 교사를 양성하는 데 힘을 기울이고 있다.

수학의 신

초판 1쇄 발행 2011년 1월 17일

글 | 신준식(감수), 고경일, 송수미 · **만화** | 김병수, 김정수
발행인 | 박영호 · **편집책임** | 박우진 · **편집부** | 김영주, 김정아, 최미라 · **관리부** | 임선희, 김성언, 정철호 · **기획 영업팀** | 박민우
펴낸곳 | 개구쟁이 미르(도서출판 하우) · **주소** | 서울시 중랑구 망우동 364-18 1층 · **인쇄** | 유림문화사
구입문의 | 02-922-7090 · **팩스** | 02-922-7092
등록번호 | 제2008-19호

값 7,500원
ISBN 978-89-93523-05-8

이 책은 저작권법에 따라 보호받는 저작물이므로 무단전재와 무단복제를 금지하며, 이 책 내용의 전부 또는 일부를 이용하려면 반드시
저작권자와 개구쟁이 미르의 서면동의를 받아야 합니다.

추천의 글

수학은 공부하기 어렵다고 생각하는 과목입니다. 많은 학생들이 수학에 대한 두려움을 가지고 있으며, 많은 시간을 들여서 공부하여도 좀처럼 성적이 향상되지 않습니다. 왜 그럴까요?

첫째, 다른 교과보다 더 많이 공부해야 합니다. 수학은 본래 어려운 교과입니다. 따라서 어려운 교과를 공부하려면, 다른 교과보다 더 많이 생각해야 하고 노력해야 합니다. 혹시 여러분은 너무 쉽게 공부하려고 덤비지는 않았나요? 수학을 쉽게 공부하거나 짧은 시간에 성적을 올리는 방법은 없습니다.

둘째, 수학 개념과 원리 등을 충분히 이해하고 있어야 합니다. 낱말의 뜻을 알아야 글을 읽고 이해하고 쓸 수 있듯이 수학에서 사용되는 낱말(개념)의 뜻을 잘 알아야 합니다.

셋째, 스스로 생각해야 합니다. 문제를 읽고 해결 방법을 스스로 알아내어 자신만의 방법으로 문제를 풀어야 합니다. 교과서와 다른 방법으로 해결할 수 있는 방법들은 많이 있습니다. 남과 다른 방법으로 해결하려고 할 때, 수학 성적은 자신도 모르게 점차 올라가고 있을 것입니다.

넷째, 수학적인 힘을 길러야 합니다. 음악을 배우면 음악적인 힘이 길러져서 노래를 부르거나 악기를 연주할 수 있고, 미술을 배우면 미술의 힘이 길러져서 아름다움을 그림으로 표현하여 그릴 수 있듯이 수학을 배우면 수학적인 힘이 길러져야 합니다. 수학적인 힘이란 탐구하고, 가설을 세우고 확인하고, 이것을 식으로 나타낼 수 있는 능력을 뜻합니다. 또 수학을 좋아하고 왜 그런지 호기심을 가지고 있는 태도를 말합니다.

이번에 개구쟁이 미르(도서출판 하우)에서는 새로운 교육과정에 맞추어 교과서 만화를 출간하였습니다. 교과서에 나오는 많은 개념과 원리를 교과서의 순서대로 아주 재미있게 만화로 꾸몄습니다. 재미있게 만화를 읽으면서 수학의 개념과 원리를 배울 수 있을 것입니다. 그러나 이것으로 끝나서는 안 됩니다. 만화를 통하여 배운 내용을 이용하여 스스로 문제를 해결하는 연습을 해야 합니다.

만화 '수학의 신'은 재미있게 읽으면서 개념과 원리를 익히고, 그 다음에 문제를 풀어보도록 구성하여 여러분의 수학적인 힘을 기르는 데 많은 도움이 될 것입니다.
만화 '수학의 신'을 읽고 수학 성적이 쑥쑥 올라갈 여러분의 모습을 상상하니 벌써 마음이 설레입니다.

2011년 1월 7일
감수 신준식

만화가 약력

고경일 – 기획, 스토리 총괄

카투니스트, 상명대학교 만화디지털 콘텐츠학부 교수
1968년에 충남 당진에서 소똥과 말걸머리를 친구 삼아 자랐습니다.
한국 최초의 지역신문 〈홍성신문〉에 1칸, 4칸만화를 연재하였고 주간지 〈한겨레21〉, 〈뉴스피플〉 등에 시사 콩트만화를 그렸습니다.
1997년 옷호츠크국제만화전 심사위원특별상(일본 홋카이도)을 시작으로 동아LG만화국제만화페스티벌 카툰공모전, 서울애니메이션센터 창작카툰지원사업 등에 당선하였고 한일간의 역사와 관련된 만화와 풍경화 등을 그리고 있습니다.

김병수 – 작화 총괄

어린이만화연구회 [아이처럼] 회장 / 조선대학교 만화애니메이션학부 초빙교수
2010년 네이버 웹툰 어린이명랑극화 〈고인돌 나라의 야물〉 연재
2009년 월간 〈아이찬〉에 〈찌꾸의 우당탕 일기〉 연재
2008년 〈산타할아버지 조선에 오다〉 출간
2007년 〈삼신할머니는 아기배달부〉로 부천 어린이만화상 수상

송수미 – 스토리

상명대학교 만화 · 애니메이션학부 졸업
상명대학교 예술디자인대학원 만화영상학과 졸업
상명문화예술교육연구소 연구원
상명첨단문화산업연구소(컬쳐팩토리) 연구원
상명대학교/서원대학교 출강
현재 디오엔스튜디오(D.O.N.studio) PD로 재직 중

- 「감성콘텐츠의 웹&모바일 서비스 시스템 구축에 관한 연구」(지식경제부)외 다수 프로젝트 참여
- 「창의력 계발을 위한 학습게임의 프로토타입 제시」외 6편의 학술논문 발표
- 「에듀테인먼트 콘텐츠 기획」저서 발간

김정수 – 작화

2005 한겨레문화센터 출판만화창작학교 18기 수료
2007 세상모든책 '100가지 한국사 1000가지 상식 – 고려' 삽화
2008 세상모든책 '100가지 세계사 1000가지 상식 – 프랑스' 삽화
　　　 제천시청홈페이지 논술만화 연재
　　　 북키닷컴 '벡제야 놀자 3,4권 – 유물유적편'
2009 한국양성평등진흥원 '아동 성폭력 예방과 대처 지침서' 삽화
어린이만화연구회 회원

목 차

등장인물 ··· 6

1학기

1단원	수학도시 파이 (1000까지의 수)	10
2단원	수학을 못 해! (덧셈과 뺄셈)	22
3단원	각의 미로 (평면도형)	34
4단원	나노박사가 수학도시로 온 이유 (나눗셈)	46
5단원	로봇비이의 오작동 (평면도형의 이동)	58
6단원	사과나무 심기 (곱셈)	70
7단원	자연수 말고 또 다른 수가 있다고? (분수)	82
8단원	무한성으로 가는 길 (길이와 시간)	94

2학기

1단원	무한성의 문을 열어라 (덧셈과 뺄셈)	108
2단원	무한성의 도형군인 (곱셈)	120
3단원	심연의 방 (원)	132
4단원	무한왕을 만나다 (나눗셈)	144
5단원	무한에너지의 진실 (들이와 무게)	156
6단원	무한에너지의 정령 (소수)	168
7단원	무한에너지 정령의 선물 (자료정리)	180
8단원	다시, 원래 세계로 (규칙 찾기와 문제 해결)	192

등장인물

나노 박사

수학이 너무 좋아서, 뇌만 남아서도 연구를 계속하는 괴짜 천재 수학자. 자신이 직접 만든 만능로봇 비이와 함께 지내지만 로봇비이의 수명이 얼마 남지 않았다. 로봇비이의 수명을 늘릴 수 있는 방법은 단 하나, 수학도시 파이에 존재하는 무한에너지를 로봇비이에게 불어넣는 방법 뿐. 그리하여 무한에너지를 찾아 수학도시 파이로 떠나지만 그 이후 소식이 없다. 언이와 소리와 티격태격 하기도 하지만 친구처럼 친근하게 수학을 가르쳐주는 선생님이기도 하다.

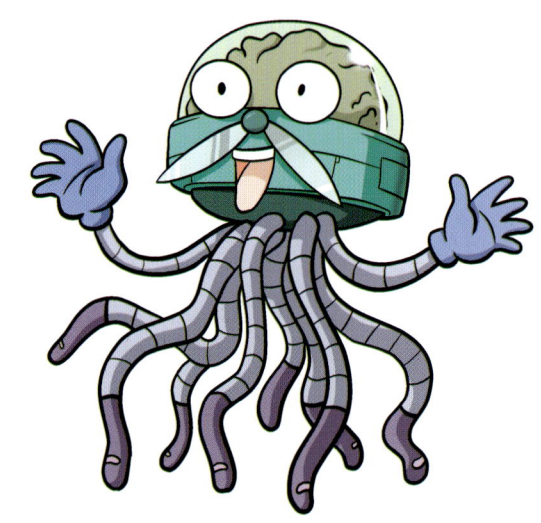

로봇비이

나노 박사가 수학 연구를 함께 하기 위해 만든 최첨단 만능로봇. 하지만 수명이 다 되어가 무한에너지를 필요로 한다. 오작동을 일으켜 일행을 위기에 몰아넣기도 하지만, 만능로봇의 기능으로 수학 문제를 푸는데 많은 도움을 준다. 먹을거라면 사족을 못 쓰고, 특히 꿀을 가장 좋아한다.

이언

수학 공부가 하기 싫어 어떻게 하면 수학 시험을 피해갈 수 있을까 고민하는 말썽꾸러기. 나노박사 집에서 로봇비이만 혼자 남아있자, 나노박사의 일기장을 보고 박사를 찾으러 수학도시 파이로 간다. 단순하고 덜렁대서 골탕을 먹기도 하고 사건 사고를 일으키기도 하지만, 친구를 위해서 어떤 모험도 마다않는 정의감으로 가득차있다.

소리

언이의 소꿉친구로, 언이와 함께 나노박사를 찾으러 수학도시 파이로 간다. 똑똑하고 야무지며 약간 공주병 증상이 있다. 예의바르고 침착한 성격이지만, 말썽꾸러기 언이 때문에 욱하며 폭발하기도 한다. 무한에너지를 찾는데 가장 큰 공을 세운다.

만화로 배우는
3학년 수학 교과서

1단원 수학도시 파이 (1000까지의 수)
2단원 수학을 못 해! (덧셈과 뺄셈)
3단원 각의 미로 (평면도형)
4단원 나노박사가 수학도시로 온 이유 (나눗셈)
5단원 로봇비이의 오작동 (평면도형의 이동)
6단원 사과나무 심기 (곱셈)
7단원 자연수 말고 또 다른 수가 있다고? (분수)
8단원 무한성으로 가는 길 (길이와 시간)

1단원 수학도시 파이 (1000까지의 수)

이것만은 꼭 알고 넘어가자!

1단원 10000까지의 수

■ **1000 알기**
- 100이 10이면 1000입니다.
- 900보다 100 큰 수입니다.
- 1000은 990보다 10 큰 수입니다.
- 999보다 1 큰 수입니다.

■ **몇 천 알기**
- 1000이 5이면 5000이고, 6이면 6000이고, 9이면 9000입니다.

■ **네 자리의 수와 자릿값**
- 1000이 4, 100이 2, 10이 8, 1이 7인 수는 4287입니다.
- 1000이 6, 10이 2, 1이 3인 수는 6023입니다.

1000묶음	100묶음	10묶음	낱개
6	0	2	3

→ 6023

7405에서 천의 자리 숫자는 7이고, 일의 자리 숫자는 5입니다.

■ **뛰어세기**
- 100씩 뛰어세기
  6665→ 6765→ 6865→ 6965→ 7065→ 7165→ 7265
- 10씩 뛰어세기
  6765→ 6775→ 6785→ 6795→ 6805→ 6815→ 6825
- 1씩 뛰어세기
  9996→ 9997→ 9998→ 9999→ 10000→ 10001→ 10002

■ **수의 크기 비교**
- 수의 크기를 비교할 때에는 가장 큰 자리의 수부터 비교합니다.
- 6999 7100 → 천의 자리 수를 비교하면 6999 < 7100
- 4329 4330 → 천의 자리와 백의 자리 수는 같다. 십의 자리 수를 비교하면
  4329 < 4330

 술~술 풀어볼까!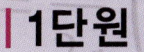

1. 1000원짜리가 8장, 100원짜리 동전이 9개, 10원짜리 동전이 4개 있으면 얼마입니까?

2. 1000원짜리가 9장, 500원짜리 동전이 2개 있으면 얼마입니까?

3. 다음 ☐ 안에 알맞은 수를 넣으시오.

    3030은 1000이 ☐
            100이 ☐   인 수입니다.
            10이 ☐
            1이 ☐

4. 5828에서 100씩 4번 뛰어세면 얼마입니까?

5. 다음 수에서 규칙을 찾아 ( ) 안에 알맞은 수를 넣으시오.
    4532-4522-4512-(   )-(   )-4482

6. 수의 일부가 지워졌습니다. 어떤 수가 더 큰지 비교하여 =, 〈, 〉로 표시하시오.
    2914 ___ 2☐09

풀이 및 정답

1. 1000원짜리가 8장→8000원, 100원짜리가 9개→900원, 10원짜리가 4개→40원이므로 8940원이다.
   답 8940원

2. 1000원짜리 9장→9000원, 500원짜리가 2개→1000원이므로 10000원이다. 답 10000원

3. 3030은 삼천삼십이므로 1000이 3, 10이 3이다. 답 3, 0, 3, 0

4. 5828→5928→6028→6128→6228 답 6228

5. 4532-4522-4512에서 10씩 작아지고 있으므로(거꾸로 뛰어세기) 4512→4502→4492→4482이다.
   답 4502, 4492

6. 2☐09에서 ☐ 안에 가장 큰 수인 9를 넣어도 2909이므로 2914보다 작다. 답 〉

2단원 수학을 못 해! (덧셈과 뺄셈)

이것만은 꼭 알고 넘어가자!

2단원 덧셈과 뺄셈

■ **세 자리 수의 덧셈**

- 같은 자리의 수끼리 더한다.
- 10이 되면 큰 자리의 수에 더한다(받아올림).

```
    369              369
  +478             +478
  ─────            ─────
    17 ← 9+8       700 ← 300+400
   130 ← 60+70     130 ← 60+70
   700 ← 300+400    17 ← 9+8
  ─────            ─────
   847              847
```

■ **여러 가지 방법으로 계산하기**

695+259

- 700+259=759, 759−5=754
- 700+260=760, 760−6=754

■ **세 자리 수의 뺄셈**

- 같은 자리의 수끼리 뺀다.
- 뺄 수 없으면 큰 자리의 수에서 1을 받아내려서 뺀다(받아내림).

```
    347
  − 159
  ─────
      8 ← 17−9
     80 ← 130−50
    100 ← 200−100
  ─────
    188
```

■ **여러 가지 방법으로 계산하기**

453−284

- 400−284=116, 116+53=169
- 453−300=153, 153+16=169
- 450−280=170, 170−1=169

술~술 풀어볼까!

2단원

1. 은미네 마을에는 687명이 살고, 지영이네 마을에는 834명이 살고 있습니다. 두 마을에는 모두 몇 명이 살고 있습니까?

2. 종민이는 고구마를 464개 캐고, 형은 489개를 캤습니다. 종민이와 형이 캔 고구마는 모두 몇 개입니까?

3. 795보다 500이 더 큰 수는 얼마입니까?

4. 보영이네 마을에는 531명이 살고, 재호네 마을에는 493명이 살고 있습니다. 어느 마을에 몇 명이 더 살고 있습니까?

5. 명수는 옥수수를 218개 따고, 경민이는 327개 땄습니다. 누가 몇 개 더 땄습니까?

6. 424보다 50이 작은 수는 얼마입니까?

풀이 및 정답

1. 687+834→600+800=1400, 80+30=110, 7+4=11이므로 1400+110+11=1511 답 1521명
2. 464+489→464+400=864, 864+80=944, 944+9=953 답 953개
3. 795에서 100씩 5번 뛰어세면 1295이다. 답 1295
4. 531-493→531-500=31, 31+7=38 답 보영이네 마을에 38명이 더 살고 있다.
5. 327-218→327-210=117, 117-8=109 답 경민이가 109개 더 땄다.
6. 424에서 10씩 거꾸로 세면 424→414→404→394→384→374 답 374

3단원 각의 미로 (평면도형)

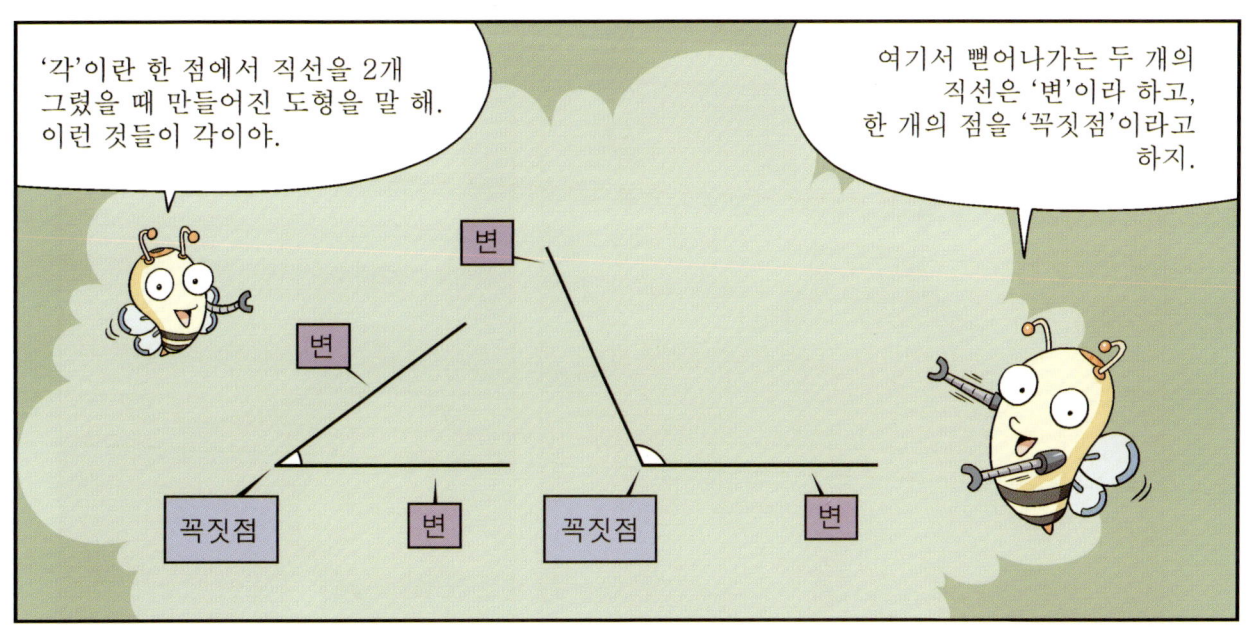

이것만은 **꼭** 알고 넘어가자!

3단원 평면도형

■ 각
- 각: 한 점에서 그은 두 직선으로 이루어진 도형
- 각인 것
- 각이 아닌 것

■ 각 쓰고 읽기

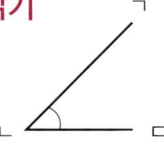

각의 꼭지점을 가운데에 쓰고 읽는다. 각 ㄱㄴㄷ 또는 각 ㄷㄴㄱ이라고 쓰고 읽는다.

■ 직각
- 직각인 것
- 직각이 아닌 것

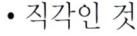

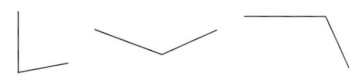

■ **직각삼각형**(직각이 있는 삼각형)
- 직각삼각형인 것
- 직각삼각형이 아닌 것

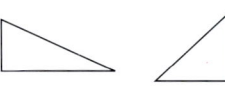
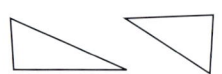

■ **직사각형**(직각이 있는 사각형)
- 직사각형인 것
- 직사각형이 아닌 것

■ **정사각형**(네 각이 직각이고, 네 변의 길이가 같은 사각형. 직사각형 중에서 네 변의 길이가 같은 도형)
- 직사각형과 정사각형

모두 직사각형이고, 빨간 색상의 직사각형은 정사각형이다.
- 모든 정사각형은 직사각형이다. 그러나 모든 직사각형은 정사각형이 아니다.

술~술 풀어볼까!

| 3단원 |

1. 각을 이루는 부분의 이름을 쓰시오.

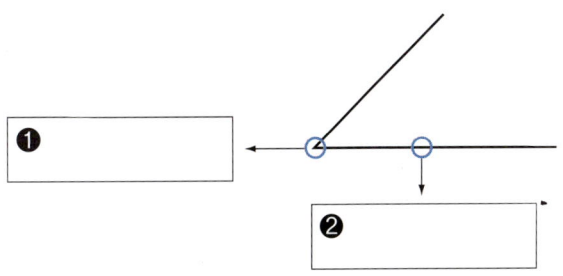

2. 그림을 보고 ☐ 안에 알맞은 말을 넣으시오.

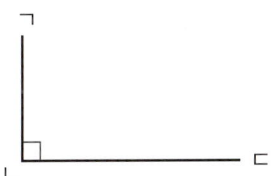

각에는 변이 ☐개 꼭지점이 ☐개 있습니다.
그림과 같은 모양의 각을 ☐☐ 이라고 합니다.
그림의 각은 각 ☐☐☐ 이라고 부릅니다.

3. 다음 물음에 답하시오.

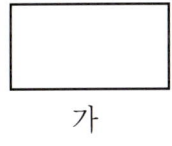   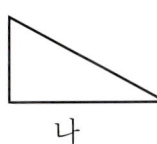   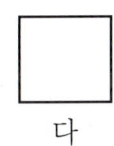   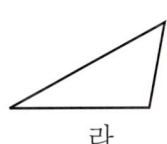

   가   나   다   라

1) 다음 중 삼각형은 무엇인가?
2) 다음 중 직각 삼각형은 무엇인가?
3) 다음 중 직사각형은 무엇인가?
4) 다음 중 정사각형은 무엇인가?

풀이 및 정답

1. **답** ❶ 각의 꼭지점, ❷ 변

2. **답** 각에는 변이 **2개** 꼭지점이 **1개** 있습니다. 그림과 같은 모양의 각을 **직각**이라고 합니다. 그림의 각은 각 ㄱㄴㄷ 또는 각 ㄷㄴㄱ 이라고 부릅니다.

3. **답** 1) 나, 라 2) 나 3) 가, 다 4) 다

 이것만은 **꼭** 알고 넘어가자!

4단원 나눗셈

■ **똑같이 묶어 덜어내기**

　　사과 6개를 두 개씩 빼서 담아보기
　　6-2-2-2= ↔ 6÷2=3

■ **똑같이 나누기**

　　빵 8개를 2명이 똑같이 나누어 가지기
　　6÷2=③ → 몫

■ **곱셈과 나눗셈의 관계 알아보기**

　　　6×3 = 18
　　　18÷3 = 6
　　　18÷6 = 3

■ **나눗셈의 몫을 구하는 방법 알기**

　　곱셈과 나눗셈과의 관계를 이용하여 몫을 구한다.

■ **세로 형식으로 나눗셈 하기**

　　　　　　　　　　　　8
　　32÷4 = 8 ↔ 4) 32
　　　　　　　　　　　32
　　　　　　　　　　　　0

술~술 풀어볼까!

| 4단원 |

1. 선미는 강아지가 먹을 쿠키를 10개 샀습니다. 선미는 강아지에게 쿠키를 하루에 2개씩 주기로 했습니다. 며칠 동안 쿠키를 줄 수 있습니까?

2. 어머니께서는 사과 6개를 형과 영호, 그리고 여동생에게 똑같이 나누어주기로 하셨습니다. 영호의 몫은 얼마입니까?

3. 계란이 30개 있습니다. 영수네 가족은 하루에 계란을 5개씩 먹는다고 합니다. 영수네 가족은 며칠 간 계란을 먹을 수 있습니까?

4. 가연이네 반은 모두 24명입니다. 체육시간에 4명씩 줄을 서면 몇 줄이 됩니까? 또, 6명씩 줄을 선다면 몇 줄이 되겠습니까?

5. 한 봉지에 4개씩 들어 있는 아이스크림이 6봉지 있습니다. 이 아이스크림을 하루에 3개씩 먹는다면 며칠 간 먹을 수 있습니까?

풀이 및 정답

1. 10−2−2−2−2−2=0   10÷2=5   답 5일
2. 6÷3=2   답 2개
3. 30÷5=6   답 6일
4. 24÷4=6, 24÷6=4   답 6줄, 4줄
5. 아이스크림의 수는 4×6=24개 이다. 24÷3=8   답 8일

5단원 로봇비이의 오작동 (평면도형의 이동)

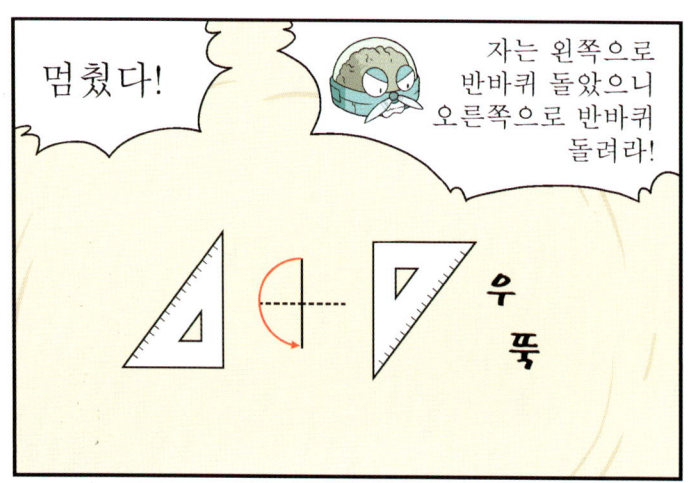

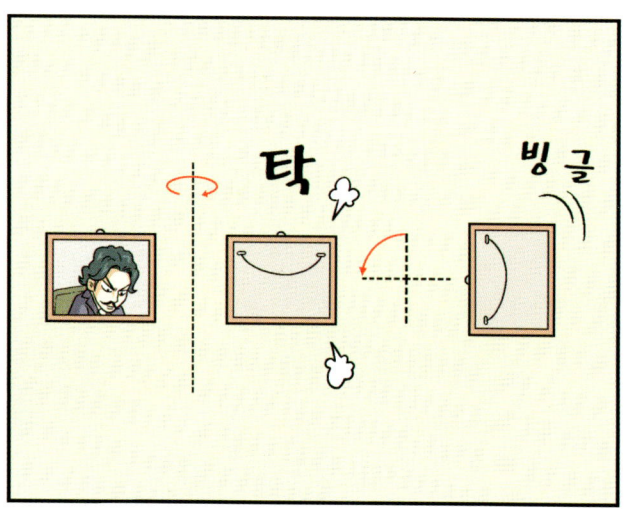

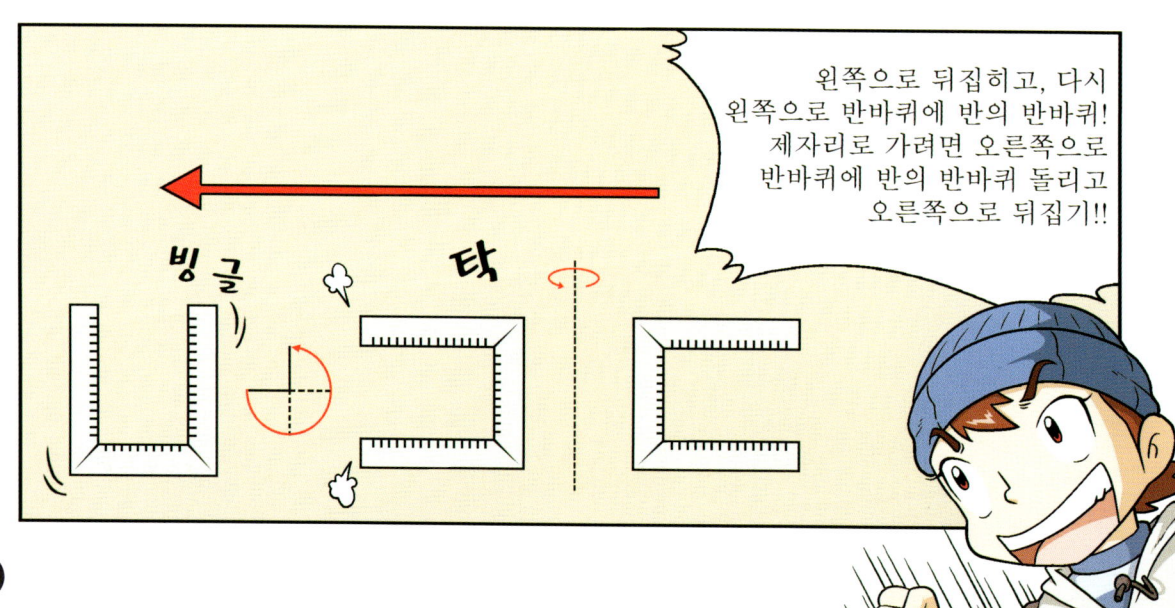

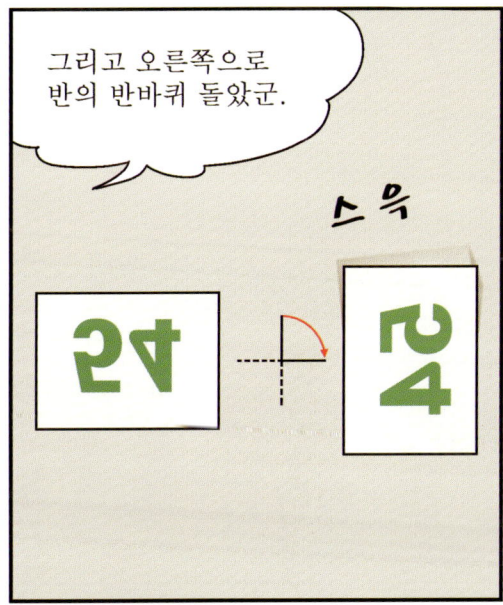

이것만은 꼭 알고 넘어가자!

5단원 평면도형의 이동

■ 평면도형 밀기

도형을 위, 아래, 오른쪽, 왼쪽으로 밀기

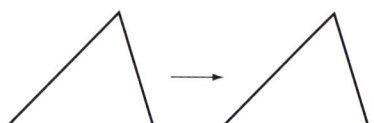 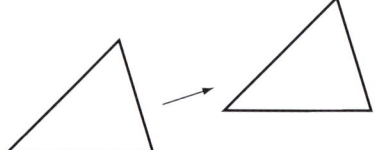

■ 평면도형 뒤집기

도형을 어느 선을 기준으로 위, 아래, 오른쪽, 왼쪽으로 뒤집기

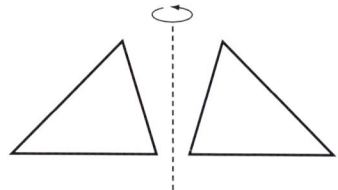 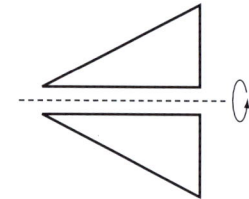

■ 평면도형 돌리기

어느 한 점을 기준으로 여러 가지 방향으로 돌리기

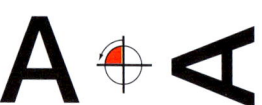 

■ 뒤집고 돌리기

오른쪽으로 (90도) 방향으로 돌리고, 아래로 뒤집기

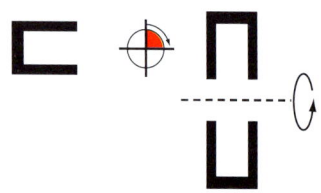

  |5단원|

1. 'ㅂ'을 아래로 밀었을 때 모양을 그려 보시오.

   ㅂ

2. 'F'를 아래로 뒤집으면 어떤 모양이 되는지 그려보시오.

   F

3. 숫자 5가 다음과 같이 모양이 바뀌었습니다. 어떻게 움직였습니까?

   5 → ⋻

4. 숫자 3을 왼쪽으로 180도 돌리기 방향으로 5번 돌린 모양과 오른쪽으로 180도 돌리기 방향으로 1번 돌린 모양과 비교하여 보시오.

   3

5. V를 오른쪽으로 201번 뒤집으면 어떤 모양이 되는지 그려보시오.

   V

풀이 및 정답

1. 아래로 밀면 위치만 바뀌고 모양은 변함이 없다. 답 ㅂ
2. 답
3. 답 오른쪽(왼쪽)으로 반 바퀴 돌렸다.
4. 숫자 3을 왼쪽으로 180도 돌리기 방향으로 5번 돌리면 Ɛ 이고, 오른쪽으로 180도 돌리기 방향으로 1번 돌리면 Ɛ 이다. 따라서 같은 모양이다. 답 같은 모양이다.
5. 아무리 많이 뒤집어도 같은 모양이다. 답 V

6단원 사과나무 심기 (곱셈)

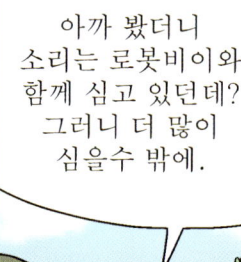

 이것만은 꼭 알고 넘어가자!

6단원 곱셈

■ (몇 십)×(몇)의 계산

20×3=60 → 20을 3번 더한다.

20×3 = 60

2×3 = 6

■ (두 자리 수)×(한 자리 수)의 계산

• 23×3의 계산

20 3　20 3　20 3　↔　20×3 = 60
　　　　　　　　　　　　3×3 = 9

```
   23          23
 ×  3        ×  3
 ----        ----
   60           9
    9          60
 ----        ----
   69          69
```

• 23×7의 계산

20 3　20 3　···　20 3
　　　7번

```
   23          23
 ×  7        ×  7
 ----        ----
  140          21
   21         140
 ----        ----
  161         161
```

■ 곱셈의 활용

같은 수를 여러 번 더할 경우에 곱셈을 활용하면 쉽게 계산할 수 있습니다.

  | 6단원 |

1. 어머니는 계란빵을 만들려고 한 판에 30개가 들어 있는 계란을 2판 사셨습니다. 어머니께서 사신 계란은 모두 몇 개입니까?

2. 영재네 반 학생 32명은 선생님으로부터 예쁜 스티커 3장씩을 받았습니다. 영희네 반 학생들이 받은 스티커는 모두 몇 장입니까?

3. 유정이는 놀이공원에 가서 한 번 타는 동안 26바퀴를 도는 회전목마를 3번 탔습니다. 유정이는 회전목마를 타고 모두 몇 바퀴를 돌았습니까?

4. 선생님은 각 모둠에 10개짜리 파란 자석 1통과 빨간 자석 6개씩을 주셨습니다. 국화, 장미, 튤립 모둠이 받은 자석은 모두 몇 개입니까?

 풀이 및 정답

1. 30×2=60   답 60개
2. 32×3=96   답 96장
3. 26×3=78   답 78바퀴
4. 10×3=30, 6×3=18, 16×3=48   답 48개

7단원 자연수 말고 또 다른 수가 있다고? (분수)

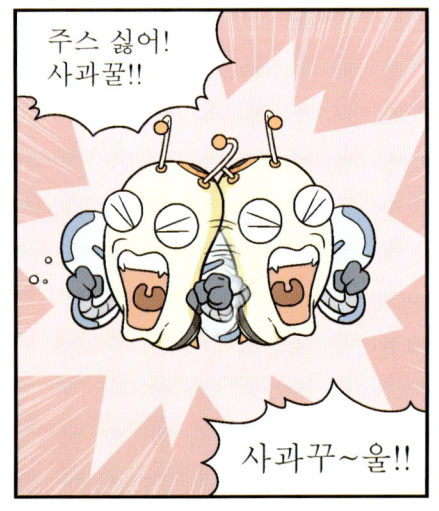

*레시피 : 식음료들을 만들때 필요한 재료와 양 등의 표준량을 계산한 제조법

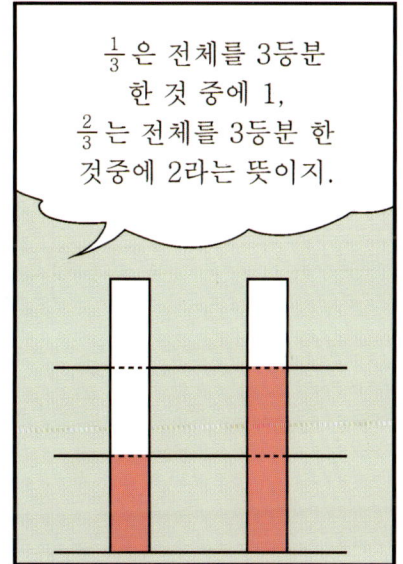

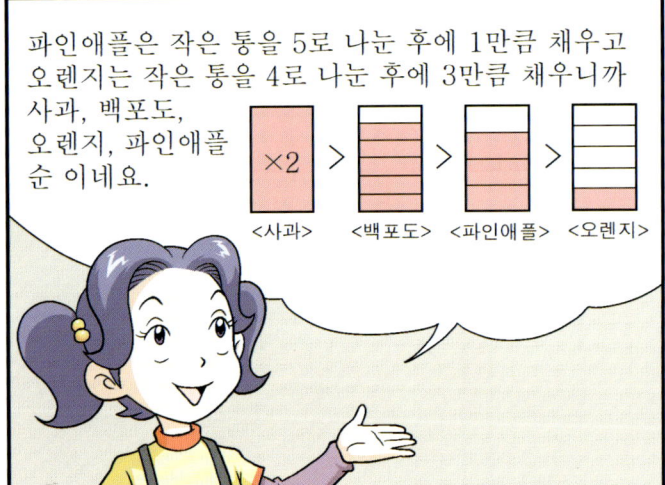

이것만은 꼭 알고 넘어가자!

7단원 분수

■ **분수만큼 알아보기**

• 6의 $\frac{1}{3}$ 묶음으로 알아보기

   나비 6마리를 3묶음으로 묶으면   6의 $\frac{1}{3}$은 2입니다.
한 묶음은 2개입니다.

   나비 6마리를 3묶음으로 묶으면   6의 $\frac{2}{3}$은 4입니다.
두 묶음은 4개입니다.

■ **분수 나타내기**

• 4는 20의 얼마인지 알아보기
 딸기 20개를 1묶음에 4개씩 묶으면 5묶음이다. 4는 5묶음 중의 1묶음입니다.
 → 4는 20의 $\frac{1}{5}$ 입니다.

■ **$\frac{3}{4}$은 $\frac{1}{4}$이 몇인지 알아보기**

• $\frac{3}{4}$ 은 $\frac{1}{4}$ 이 3인 수입니다.
• $\frac{3}{4}$ 은 $\frac{1}{4}$ 의 3배입니다.

■ **분수의 크기 비교**

• $\frac{3}{4}$과 $\frac{2}{4}$의 크기 비교

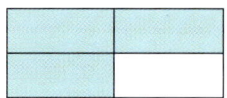   >   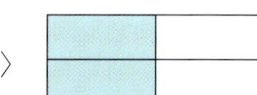 $\frac{3}{4} > \frac{2}{4}$

• $\frac{1}{2}$과 $\frac{1}{4}$의 크기 비교

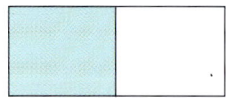   >   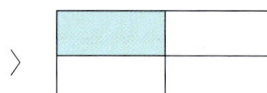 $\frac{1}{2} > \frac{1}{4}$

술~술 풀어볼까!

7단원

1. $\frac{1}{6}$이 5인 수는 얼마입니까?

2. 서로 연결할 수 있는 블록이 30개 있습니다. 영우는 이 블록을 5개씩 연결하였더니 6묶음이 되었습니다. 하나로 연결된 블록 5개는 전체의 몇 분의 몇입니까?

3. 색칠한 부분을 분수로 나타내고 크기를 비교하여 <, >로 나타내시오.

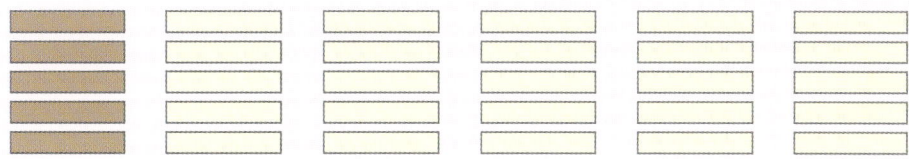

4. 성수네 학교에는 교실이 36개 있습니다. 이 교실 중 3학년 교실은 전체의 $\frac{2}{9}$라고 합니다. 성수네 학교의 3학년 교실은 모두 몇 개일까요?

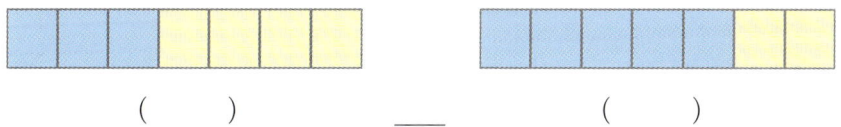

풀이 및 정답

1. 답 $\frac{5}{6}$

2. 30개를 5개씩 연결하여 6묶음을 만들었다. 그 중 한묶음이므로 답 $\frac{1}{6}$

3. 답 $\frac{3}{7} < \frac{5}{7}$

4. 답 전체 교실의 수 36을 9묶음으로 묶으면 1묶음의 크기는 4이다. $\frac{1}{9}$은 4이고, $\frac{2}{9}$은 8이다. 따라서 3학년 교실의 수는 8개이다.

8단원 무한성으로 가는 길 (길이와 시간)

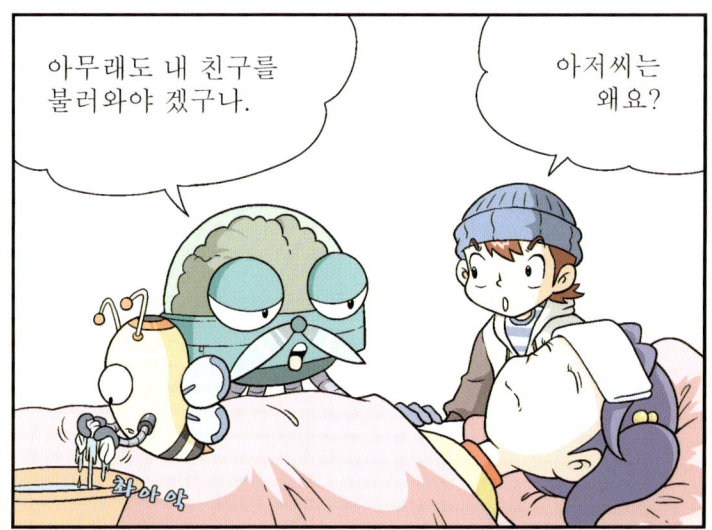

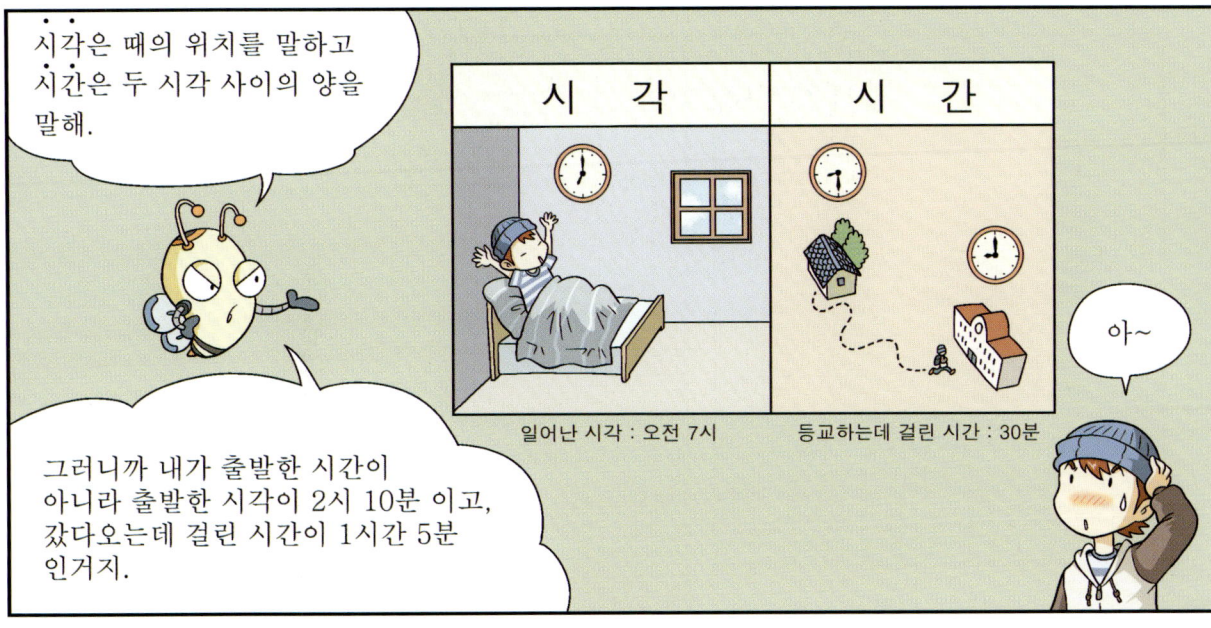

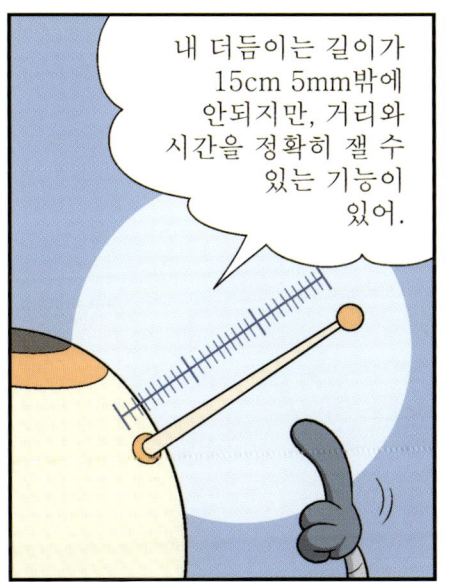

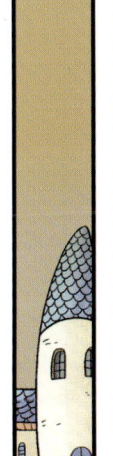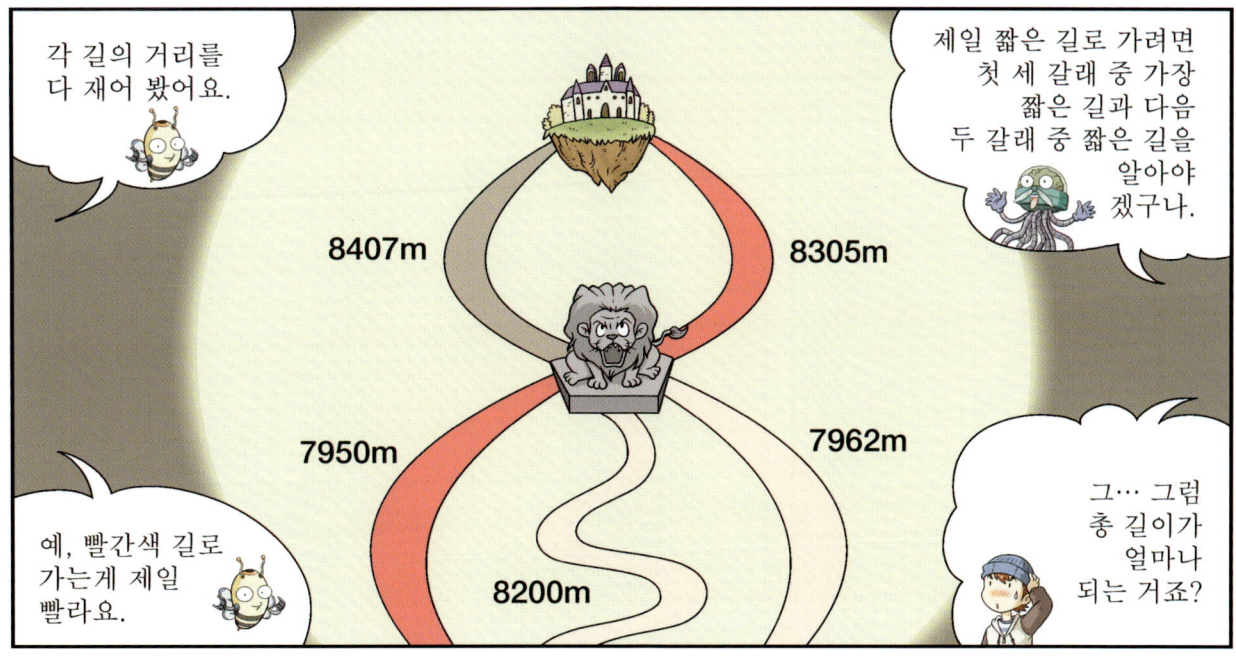

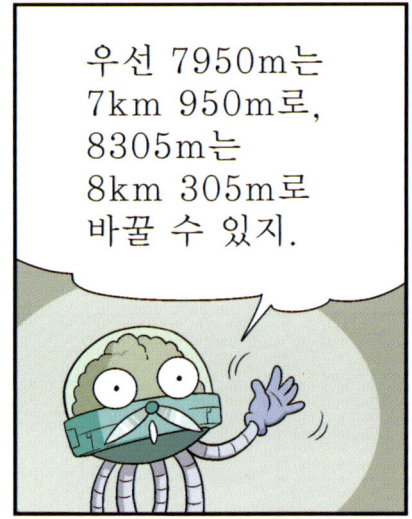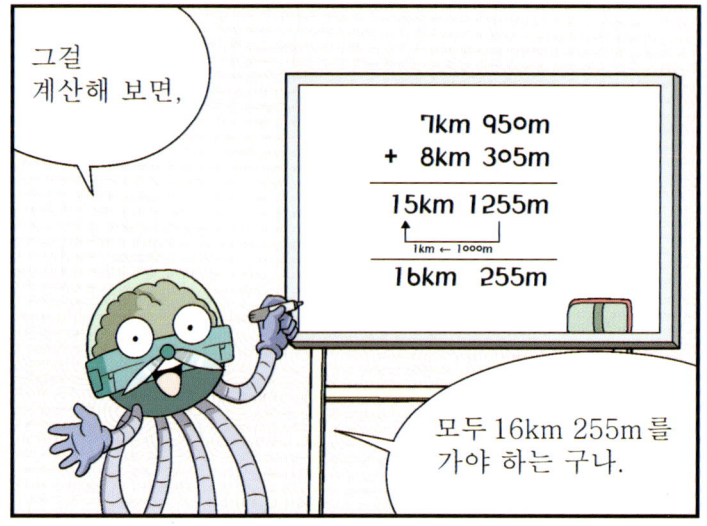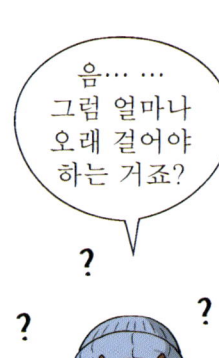

만화로 배우는
3학년 수학 교과서

1단원 무한성의 문을 열어라 (덧셈과 뺄셈)
2단원 무한성의 도형군인 (곱셈)
3단원 심연의 방 (원)
4단원 무한왕을 만나다 (나눗셈)
5단원 무한에너지의 진실 (들이와 무게)
6단원 무한에너지의 정령 (소수)
7단원 무한에너지 정령의 선물 (자료정리)
8단원 다시, 원래 세계로 (규칙 찾기와 문제 해결)

1단원 무한성의 문을 열어라 (덧셈과 뺄셈)

우와아~!

지… 진짜 크다~

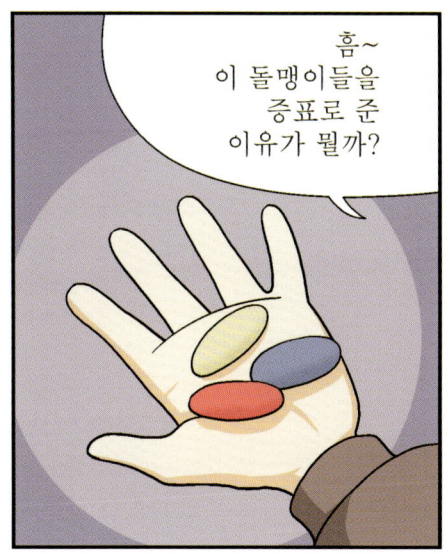

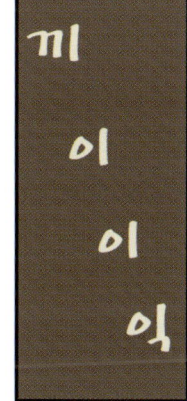

1단원 덧셈과 뺄셈

■ (네 자리 수)+(세 자리 수), (네 자리 수)+(네 자리 수)의 계산

- 같은 단위의 수끼리 계산합니다.
- 10보다 크면 받아올림합니다.

```
   1684            1684
+   568         +   568
─────           ─────
   1000              12
   1100             140
    140            1100
     12            1000
─────           ─────
   2252            2252
```

- 3294+5618의 계산

```
    1              1 1             1 1            1 1
  3294           3294            3294           3294
+ 5618    ➡   + 5618    ➡    + 5618    ➡   + 5618
──────          ──────          ──────         ──────
     2             12             912           8912
```

■ (네 자리 수)−(세 자리 수), (네 자리 수)−(네 자리 수)의 계산

- 같은 단위의 수끼리 계산합니다.
- 뺄 수 없으면 큰 자리에서 1을 받아내림합니다.
- 3352−1948

```
                    4 10           4 10           4 10         2 10 4 10     2 10 4 10
  3352           3352           3352           3352           3352           3352
− 1948    ➡   − 1948    ➡   − 1948    ➡   − 1948    ➡   − 1948    ➡   − 1948
──────          ──────          ──────          ──────          ──────          ──────
                                    4 ← 12−8        04            404           1404
```

■ 세 수의 덧셈과 뺄셈

- 앞의 두 수를 먼저 계산한 다음, 뒤의 수를 계산합니다.
- 3278+986+2759의 계산
  ① 3278+986=4264   ② 4264+2759=7023

술~술 풀어볼까! | 1단원 |

1. 오늘은 우성이가 태어난지 3287일이 되는 생일입니다. 365일 후인 내년 생일에는 우성이가 태어난지 며칠 되는 날입니까?

2. 등산가가 꿈인 오름이는 어제 꿈속에서 에베레스트산을 오르고 있었습니다. 에베레스트산의 높이는 8848m인데, 오름이는 어제 4852m까지 올랐다고 합니다. 오름이가 정상에 오르기 위해서는 앞으로 몇 m를 더 올라야 합니까?

3. 우리 마을에 사는 사람은 모두 4983명입니다. 이 중 안경을 쓴 사람이 2879명입니다. 안경을 쓰지 않은 사람은 모두 몇 명입니까?

4. 0부터 8까지의 숫자카드가 있습니다. 이 중에서 7개를 골라 네 자리 수와 세 자리 수를 만들어 합이 가장 큰 수를 만들려고 합니다. 두 수와 그 합을 구하시오.

풀이 및 정답

1. 3287+365=3652 답 3652일
2. 8848-4852=3996 답 3996m
3. 답 4983-2879= 2104명
4. 합이 가장 큰 수를 만들어야 하므로 단위가 큰 자리에는 큰 숫자를 놓아야 한다. 따라서 천의 자리에는 8, 백의 자리에는 7과 6, 십의 자리에는 5와 4, 일의 자리에는 3과 2를 놓아야 한다. 따라서 두 수는 8753과 642이고 합은 9395이다. 답 두 수: 8753, 642 합: 9395

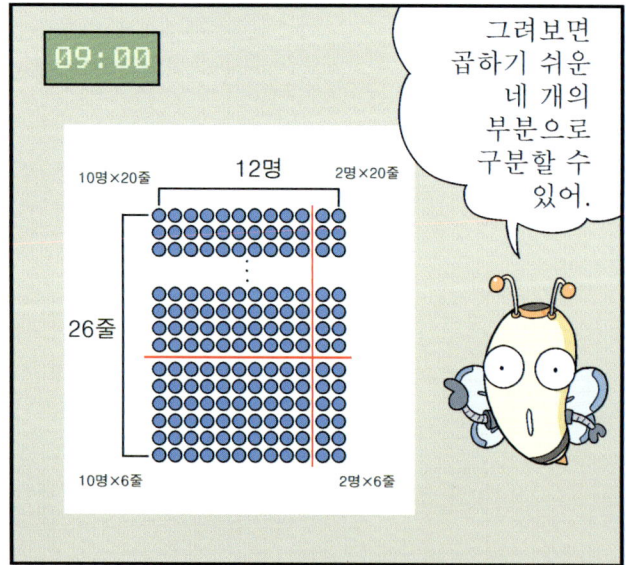

 이것만은 꼭 알고 넘어가자!

2단원 곱셈

■ (세 자리 수)×(한 자리 수) 계산

• 234×5의 계산

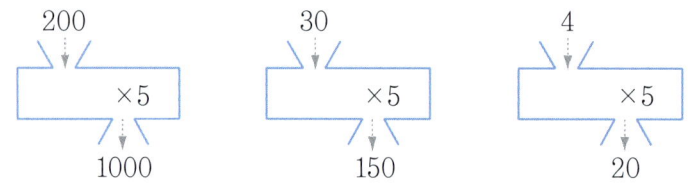

234×5 = 1000+150+20 = 1170

■ (몇 십)×(몇 십)의 계산

• 4×3=12, 40×3=120, 400×3=1200
• 40×3=120, 40×30=1200

■ (두 자리 수)×(몇 십)의 계산

• 17×20=340   37×50=1850   28×40=1120
  17×2=34   37×5=185   28×4=112

■ (두 자리 수)×(두 자리 수) 계산

• 12×26의 계산

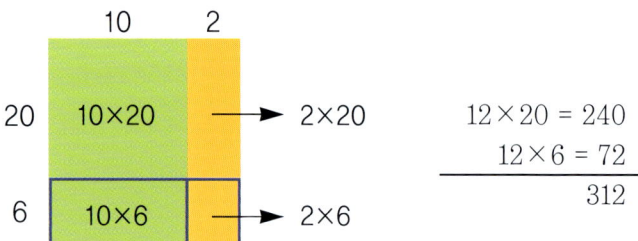

■ 곱셈의 활용

• 문장으로 된 곱셈 문제를 해결할 때에는
  1) 구하려고 하는 것이 무엇인지 알아봅니다.
  2) 문제에 나타난 정보가 무엇인지 알아봅니다.
  3) 문제에 알맞은 곱셈식을 만들어 곱을 구합니다.

 술~술 풀어볼까! | 2단원 |

1. 다음 곱셈을 하시오.

       245
   ×   2
   ―――――

2. 영화초등학교에서는 책장을 3개 샀습니다. 한 책장에 책이 246권 들어간다고 합니다. 새로 산 책장에는 책을 모두 몇 권이나 꽂을 수 있겠습니까?

3. 한 상자에 18개가 들어 있는 초코과자가 20상자 있습니다. 초코과자는 모두 몇 개입니까?

4. 한 봉지에 18개씩 들어 있는 사탕이 12봉지 있습니다. 사탕은 모두 몇 개입니까?

5. 한 상자에 15개씩 들어 있는 도넛이 85상자 있습니다. 도넛은 모두 몇 개입니까?

풀이 및 정답

1. 답 490
2. 246×3=738권   답 738권
3. 18×20=360   답 360개
4. 18×12=216   답 216개
5. 15×85=1275   답 1275개

3단원 심연의 방 (원)

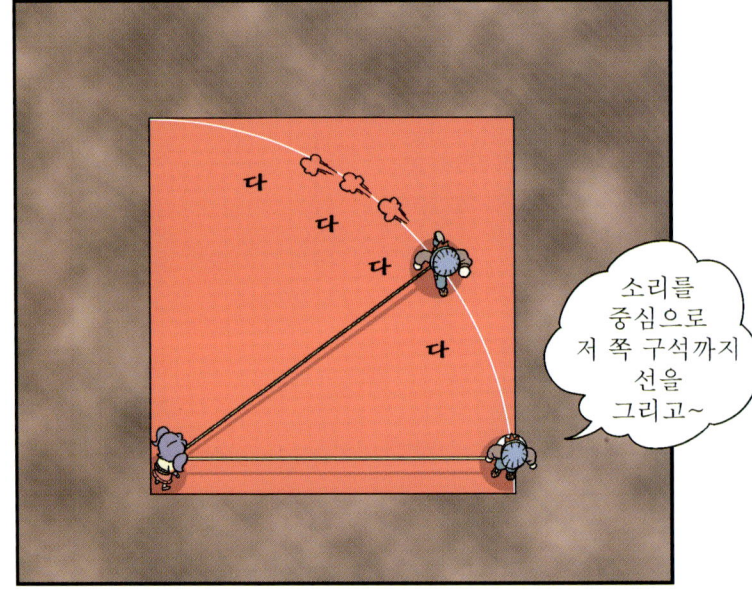

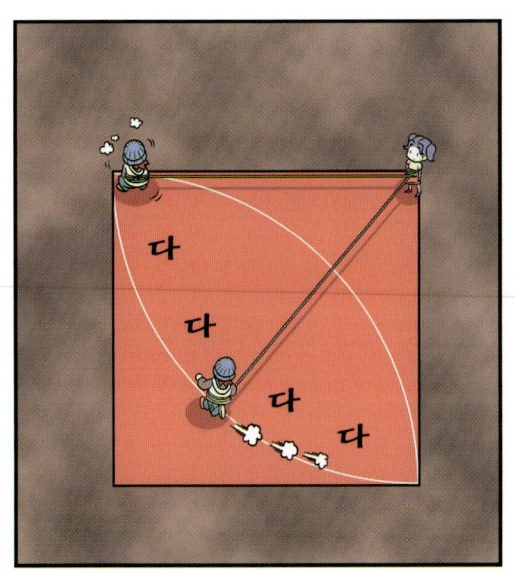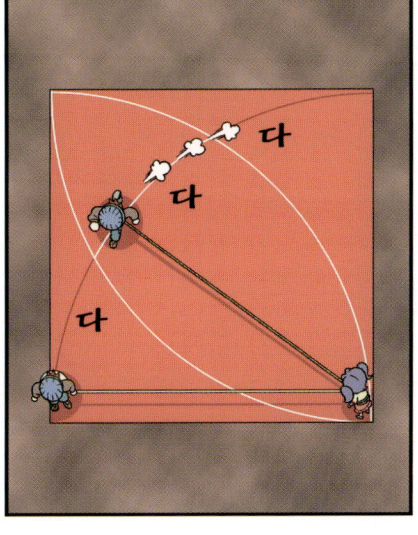

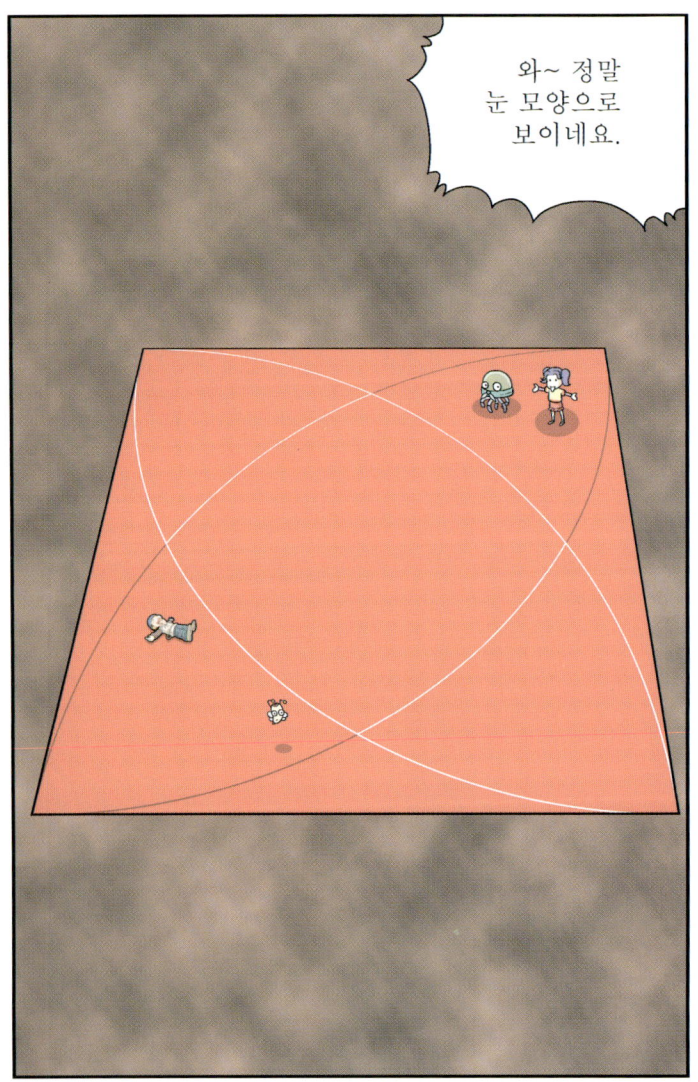

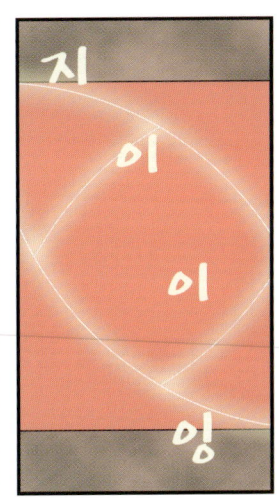

 이것만은 꼭 알고 넘어가자!

3단원 원

■ **원의 중심, 지름과 반지름**

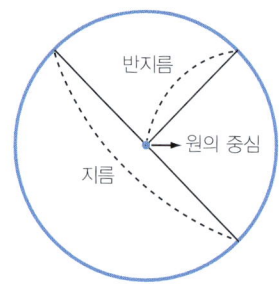

- 원을 그릴 때, 누름 못이 꽂혔던 점을 **원의 중심**이라고 합니다.
- 원의 중심과 원 위의 한 점을 이은 선분을 **원의 반지름**이라고 합니다.
- 중심을 지나 원 위의 두 점을 이은 선분을 **원의 지름**이라고 합니다.

■ **원의 반지름과 지름의 성질 알기**

- 한 원에서 반지름은 모두 같다.
- 한 원에서 지름은 모두 같다.
- 원의 지름은 반지름의 2배이다.
- 원 위의 두 점을 이은 선분 중에서 지름이 가장 길다.

■ **원으로 여러 가지 모양 그리기**

- 반지름을 늘려가며, 한 원을 중심으로 반지름을 다르게, 정사각형 안에서 원의 중심을 옮기는 등의 방법으로 여러 가지 모양을 그려봅시다.

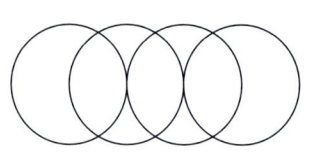 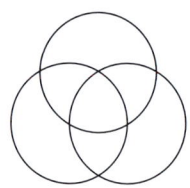 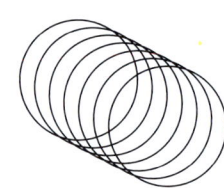 

| 3단원 |

1. 다음 원에 지름을 그려보시오.

2. 호진이는 원의 중심을 이용하여 원 안에 원을 그렸습니다. 가장 큰 원의 지름이 8cm라고 하면 작은 원의 반지름은 얼마입니까?

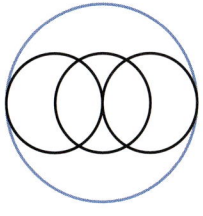

3. 모눈종이에 반지름을 1씩 늘려가며 원을 3개 더 그려 과녁판을 완성해 봅시다.

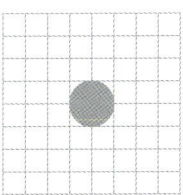

4. 다음은 반지름이 3cm인 원을 그리고, 원의 중심을 이어서 정사각형을 그렸습니다. 정사각형 한 변의 길이는 얼마입니까?

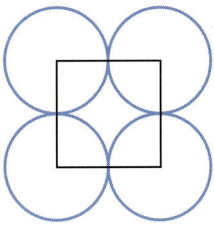

풀이 및 정답

1. 답 원의 중심을 지나면서 원 위의 두 점을 잇는다. 지름은 수없이 많다.

2. 가장 큰 원의 지름이 8cm이므로 반지름의 크기는 4cm입니다. 이것은 작은 원의 지름과 같으므로 반지름은 2cm입니다.   답 2cm

3. 답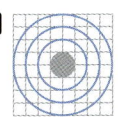

4. 정사각형 한 변의 길이는 3cm인 반지름 2개로 이루어져 있으므로 6cm이다.   답 6cm

4단원 무한왕을 만나다 (나눗셈)

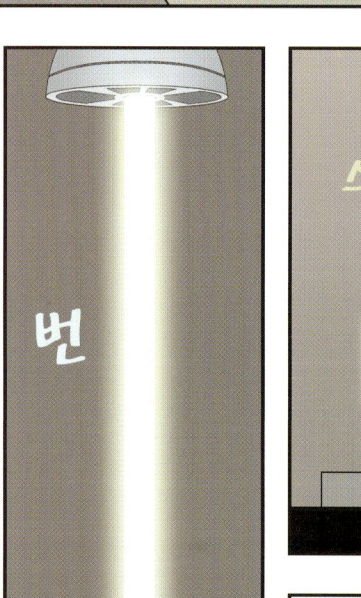

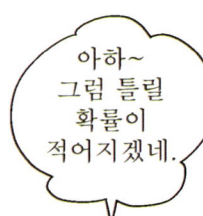

맞는지 검산을 한 번 해보면,

97 ÷ 4 = 24 … 1 ➡ [검산] 4 × 24 + 1 = 97

나누는 수 4와 몫 24를 곱하고 나머지 1을 더하니 97이 맞네요. 나머지 1은 4보다 작으니까 더이상 4로 나눌 수 없고요.

그렇다면 금고 비밀번호의 뒷자리는 241인 거지! 즉, 금고의 전체 비밀번호는 340241이야!!

와~ 우리가 금고를 열었다~!!

이제 무한에너지를 얻을 수 있게 됐구나, 로봇비이야~!

꺄~! 드디어 무한에너지야!!

흠…! 흠…!

이것만은 꼭 알고 넘어가자!

4단원 나눗셈

■ **(몇 십)÷(몇)의 계산**
- 80÷4=20
  8÷4=2
- 90÷3=30
  9÷3=3

■ **(몇 십 몇)÷(몇) 계산(1)**
- 42÷2=21
  40÷2=20   2÷2=1
- 84÷4=21
  80÷4=20   4÷4=1

■ **나눗셈의 몫과 나머지 알기**
- 사과 20개를 5명이 똑같이 나누어 가지면 1사람이 4개씩 갖는다.
  20÷5=4 → 나누어 떨어진다.
- 사과 23개를 5명이 똑같이 나누어 가지면 1사람이 4개씩 갖고, 3개가 남는다.
  23÷5=4……3 → 나머지가 3이다.

■ **나눗셈식의 검산**
- 나눗셈의 답이 맞았는지 알아보는 식
  나눗셈   23÷5=4…3
  검산식   5×4+3=23

■ **(몇십 몇)÷(몇) 계산(2)**
- 56÷4=14
  40÷4=10   16÷4=4
- 79÷5=15…4
  50÷5=10   29÷5=5 …4
- 79÷5=15…4의 검산
  5×15+4=79

술~술 풀어볼까!

|4단원|

1. 지현이는 딱지를 80장 가지고 있는데, 친구 8명에게 똑같이 나누어주었습니다. 1사람이 몇 장씩 가졌습니까?

2. 선생님은 공책 36권을 1사람에게 3권씩 나누어주었습니다. 몇 사람에게 나누어주었습니까?

3. 장난감 로봇이 27개 있습니다. 1상자에 로봇을 4개씩 담았을 때, 로봇을 담은 상자는 몇 상자이고, 몇 개가 남습니까?

4. 재호네 학교의 여름방학은 34일이라고 합니다. 여름방학은 모두 몇 주일이 되며, 남은 날은 며칠입니까?

5. 철수는 89÷4=22…3이라고 하였습니다. 철수의 계산이 맞았는지 검산하여 알아보시오.

풀이 및 정답

1. 80÷8=10　**답** 10장
2. 36÷3=12　**답** 12명
3. 27÷4=6…3　**답** 4상자이고 3개가 남습니다.
4. 34÷7=4…6　**답** 4주이며, 6일이 남습니다.
5. 검산하면 4×22+3=91이므로 철수의 계산은 틀렸다.　**답** 틀렸다.

5단원 무한에너지의 진실 (들이와 무게)

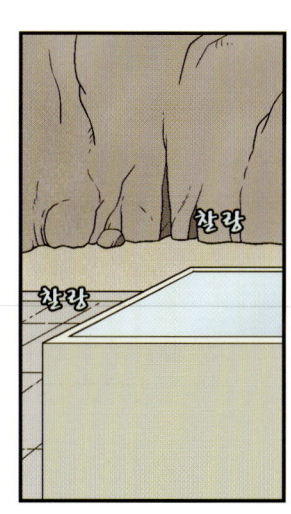

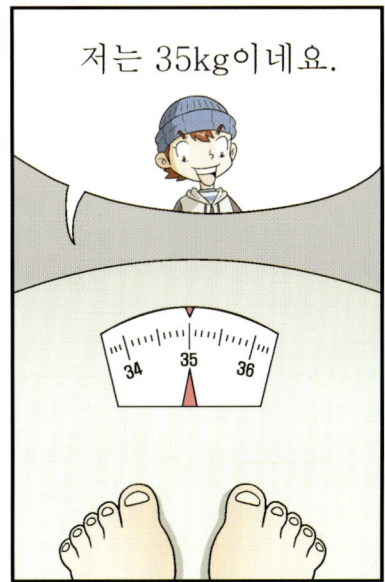

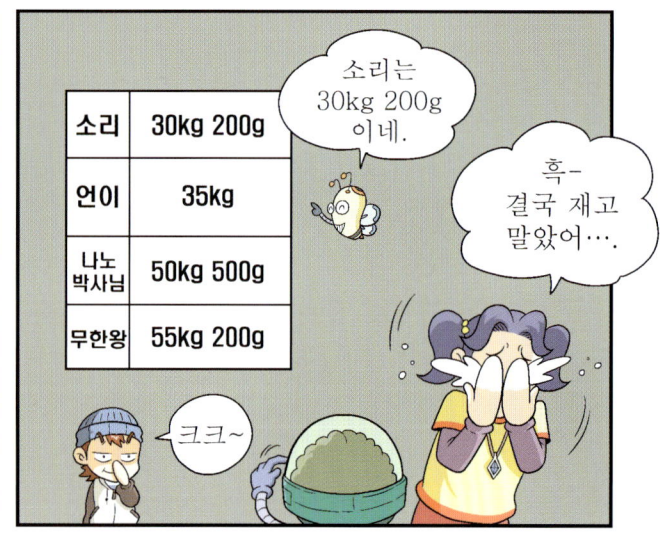

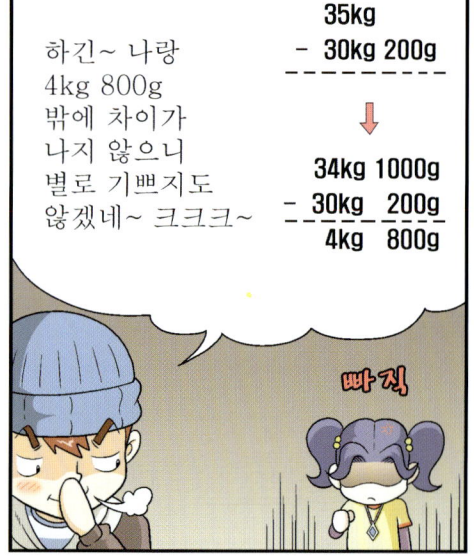

 이것만은 **꼭** 알고 넘어가자!

5단원 들이와 무게

■ **들이**
- 물건을 담을 그릇 안쪽의 크기
- 물이나 곡식과 같이 알갱이가 작은 물체의 양

■ **들이의 단위**
- 1L, 1mL
  1L = 1000mL
- 콜라 1L, 우유 250mL, 3L 들이 주전자 등

■ **들이의 계산**
- 들이의 계산도 같은 단위끼리 계산합니다.
- mL끼리 더하여 1000이거나 1000이 넘으면 L로 받아올림합니다.
- mL끼리 빼지 못하는 경우는 1L를 1000mL로 받아내림합니다.

■ **무게**
- 1kg, 1g
- 1kg=1000g
- 1kg 500g=1500g 5600g=5000g+600g=5kg 600g

■ **무게의 계산**
- 무게의 계산도 같은 단위끼리 계산합니다.
- g끼리 더하여 1000g 또는 1000g이 넘으면 1kg으로 받아올림합니다.
- g끼리 뺄 수 없을 때에는 1kg을 1000g으로 받아내림합니다.

| 5단원 |

1. 양동이와 분무기에 들어가는 물의 양은 모두 몇 L입니까?

    10L    1L 200mL

2. 다음 들이를 계산하시오.

   1)   3L 200mL
      +2L 300mL
      ─────────

   2)   4L 200mL
      −1L 400mL
      ─────────

3. 고양이의 몸무게는 3kg 200g입니다. 강아지의 무게는 3kg 900g입니다. 이 두 동물의 몸무게의 합은 얼마입니까?

4. 유진이는 옷을 입고 저울에 올라가서 몸무게를 측정하였더니 32kg 400g이 나왔습니다. 옷의 무게를 따로 재어봤더니 1kg 200g 이었다면 유진이의 몸무게는 얼마입니까?

5. 설리는 동생과 함께 재활용품을 모아서 고물상에 팔려고 합니다. 설리가 주워온 재활용품은 2kg 100g이었고 동생이 가져온 재활용품은 900g이었습니다. 설리는 동생보다 몇 kg 더 주웠습니까?

6. 물통이 3개가 있습니다. 각각의 들이는 2L, 500mL, 200mL입니다. 이 물통들을 사용하여 2L의 병에 1L 300mL를 채우려고 합니다. 어떤 방법이 있을까요?

풀이 및 정답

1. 10L+1L 200mL=11L+200mL   답 11L 200mL

2. 답 1) 5L 500mL   2) 2L 800mL

3. 3kg 200g+3kg 900g=7kg 100g   답 7kg 100g

4. 32kg 400g−1kg 200g=31kg 200g   답 31kg 200g

5. 2kg 100g−900g=1kg 200g   답 1kg 200g

6. 답 500mL에 물을 가득 채워서 200mL에 붓고나면 300mL가 남습니다. 이것을 2L 들이 통에 넣고 500mL짜리 통으로 2번 물을 채워 담으면 1L 300mL가 됩니다.

6단원 무한에너지의 정령 (소 수)

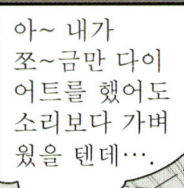

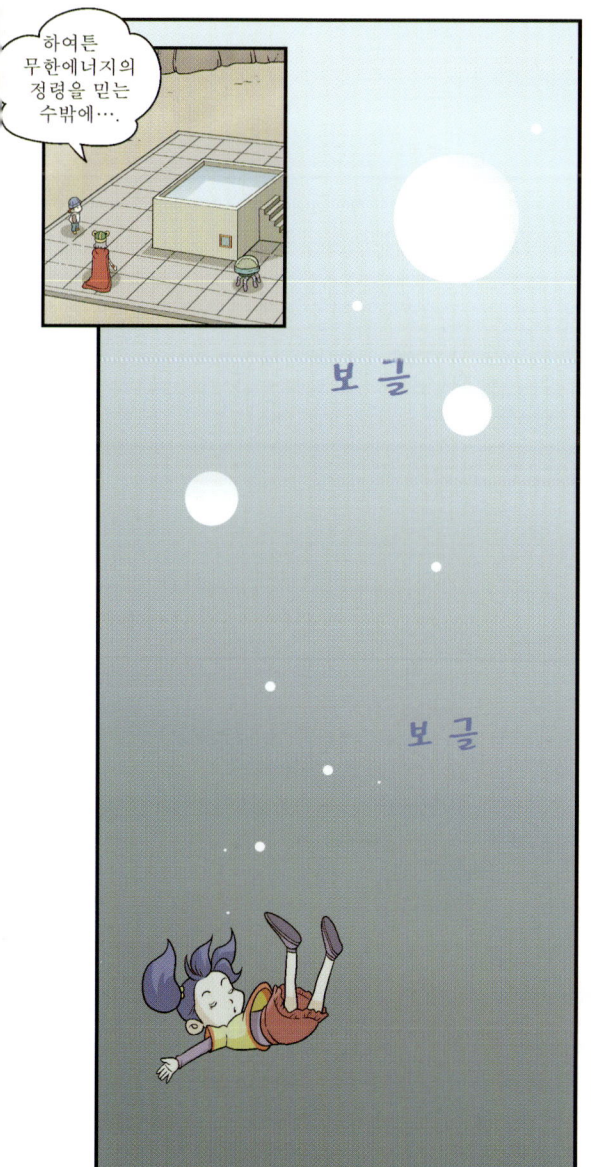

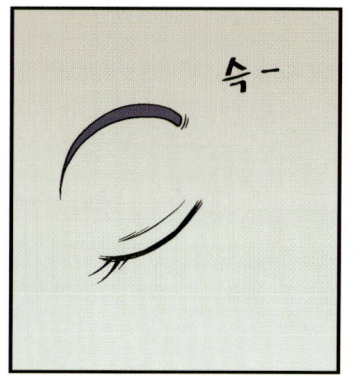

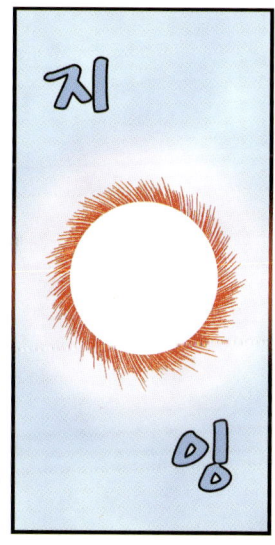

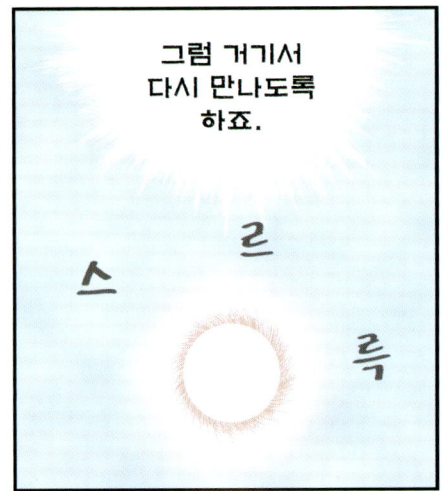

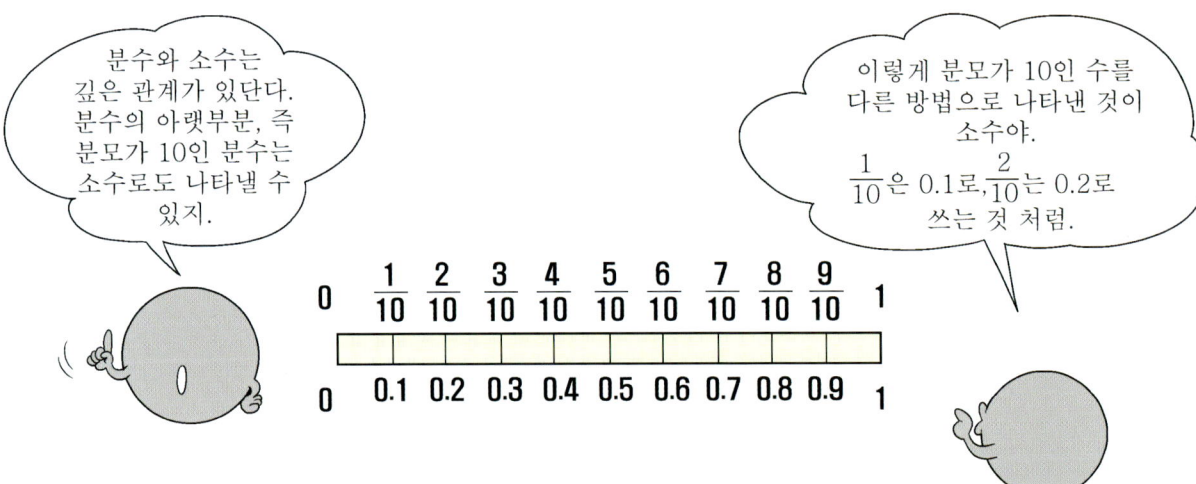

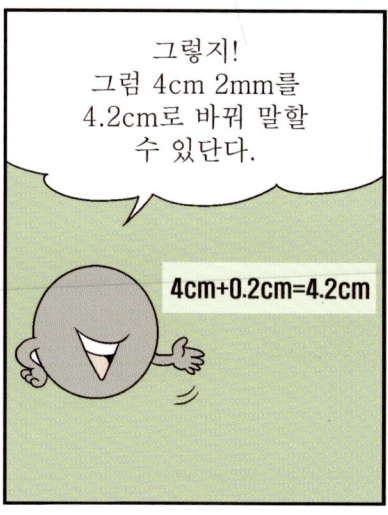

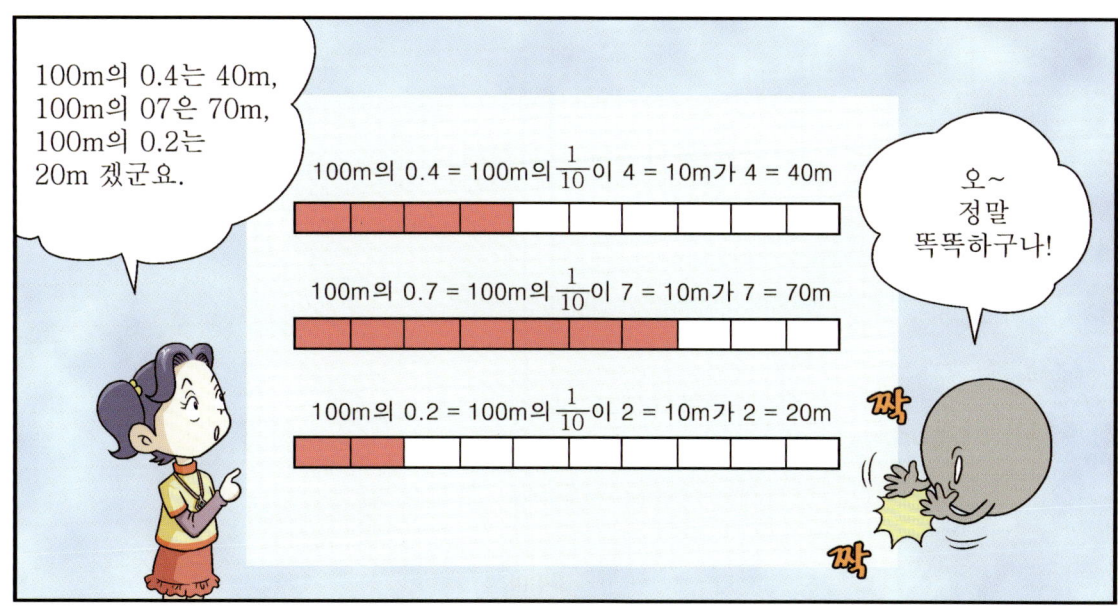

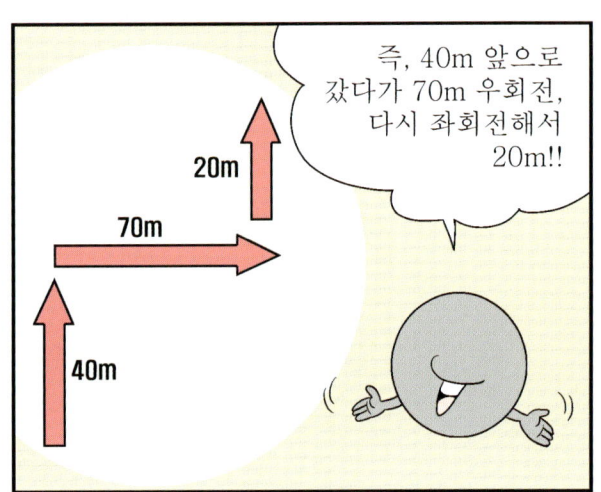

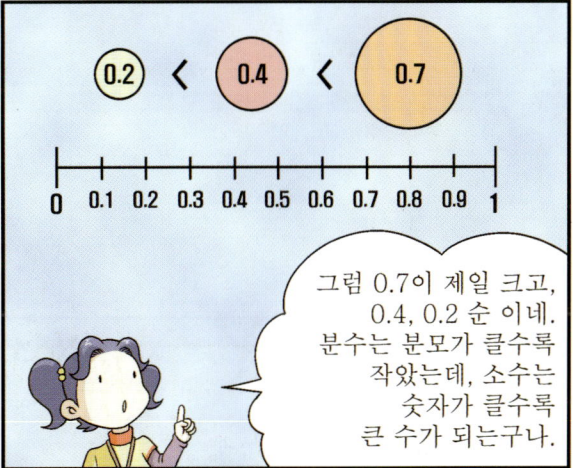

 이것만은 꼭 알고 넘어가자!

6단원 소수

■ 0.1 알기

- $\frac{1}{10}$ = 0.1 $\frac{3}{10}$ = 0.3 $\frac{5}{10}$ = 0.5 $\frac{9}{10}$ = 0.9
- $\frac{10}{10}$ = 1

■ 소수의 크기 비교

- 0.8과 0.5의 비교

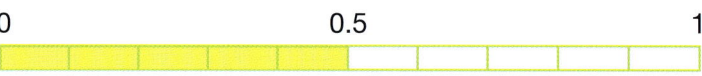

0.8 > 0.5

- 0.4와 0.6의 비교

0.4 = $\frac{4}{10}$ 0.6 = $\frac{6}{10}$

$\frac{4}{10}$ < $\frac{6}{10}$

0.4 < 0.6

술~술 풀어볼까!

|6단원|

1. 영어동화책의 두께는 8mm였습니다. 이 책의 두께는 몇 cm입니까?

8mm

2. $\frac{7}{10}$ 을 소수로 나타내시오.

3. 영희는 하루에 0.6L의 물을 마시고 하준이는 하루에 0.9L를 마십니다. 또 탁구는 하루에 1.2L의 물을 마신다. 물을 가장 많이 마신 사람은 누구이며, 가장 적게 마신 사람은 누구입니까?

4. 이준이는 책장의 책의 두께를 재어 보았습니다. 잡지책은 5.2cm, 소설책은 2.8cm, 요리책은 1.8cm입니다. 가장 두꺼운 책부터 차례로 나열하세요.

풀이 및 정답

1. 8mm는 소수로 0.8cm라고 할 수 있습니다. **답** 0.8cm
2. $\frac{7}{10}$ 은 $\frac{1}{10}$ 이 7인 수이므로 0.1이 7인 수이다. **답** 0.7
3. **답** 가장 많이 마신 사람은 탁구이며, 가장 적게 마신 사람은 영희입니다.
4. 가장 두꺼운 책은 잡지책, 그 다음은 소설책, 가장 얇은 책은 요리책입니다. **답** 잡지책, 소설책, 요리책

7단원 무한에너지 정령의 선물 (자료정리)

아까 말한게 맞는다면 여기 쯤인데… 아무것도 안 보이네?

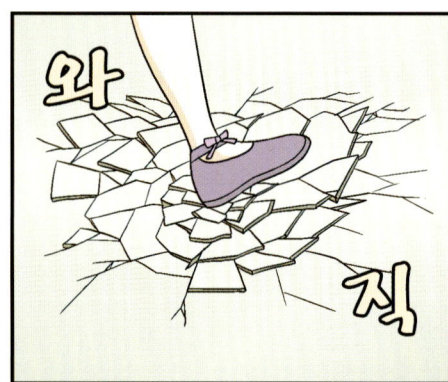

와 직

어?

파 꺄아악~!!! 창

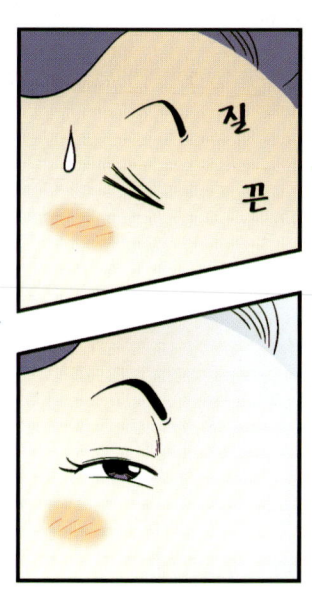

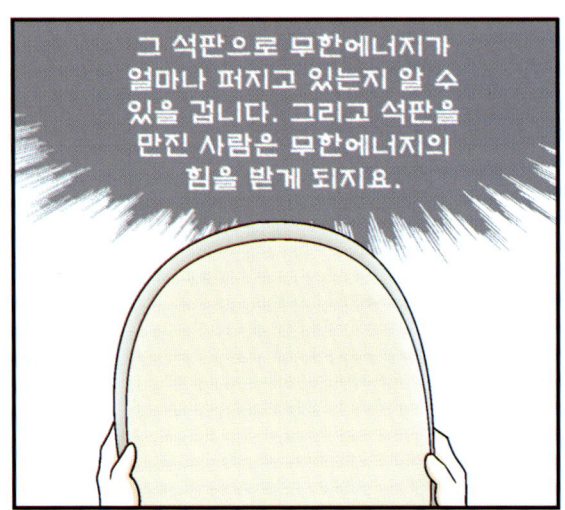

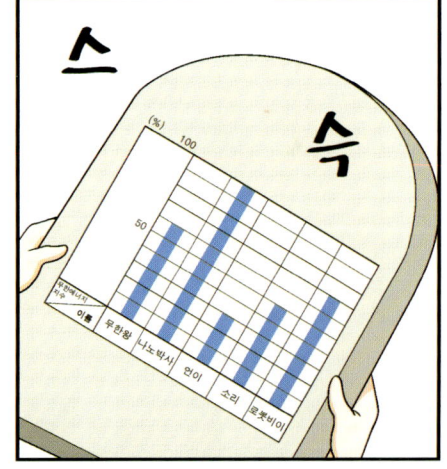

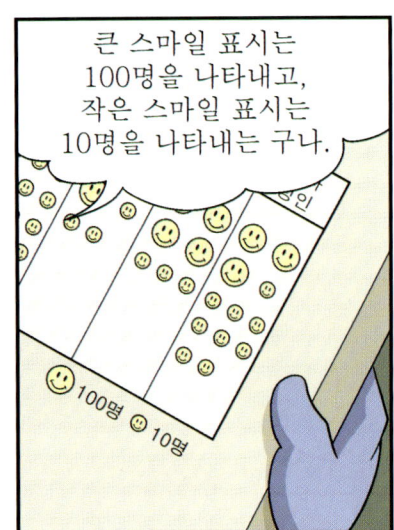

7단원 자료 정리

■ **막대그래프**
- 자료의 양을 막대의 길이로 나타낸 그래프

색깔	초록	노랑	파랑	빨강	합계
학생수	8	4	7	2	21

■ **막대그래프 그리는 순서**
1) 가로와 세로 중에서 조사한 수를 어느 쪽에 나타낼 것인지 정합니다.
2) 조사한 수 중에서 가장 큰 수까지 나타낼 수 있도록 눈금 한 칸의 크기를 정한 후, 눈금의 수를 정합니다.
3) 조사한 수에 맞도록 막대를 그립니다.
4) 그린 막대그래프에 알맞은 제목을 붙입니다.

■ **그림그래프 알기**
- 자료의 양을 그림의 크기로 나타낸 그래프

과수원	싱싱	양지	푸른	햇님	합계
수확량(상자)	31	24	17	40	112

과수원	수확량
싱싱	🍎🍎🍎·
양지	🍎🍎····
푸른	🍎······
햇님	🍎🍎🍎🍎

■ **그림그래프 그리는 순서**
1) 그림을 몇 가지로 나타낼 것인지 정합니다.
2) 어떤 그림으로 나타낼 것인지 정합니다.
3) 조사한 수에 맞도록 그림을 그립니다.
4) 그린 그림그래프에 알맞은 제목을 붙입니다.

술~술 풀어볼까!

|7단원|

1. 아래 표는 호석이네 반 어린이들이 좋아하는 음식을 조사한 것입니다. 아래 막대그래프를 완성하세요.

좋아하는음식	떡볶이	피자	김치찌개	치킨	햄버거
학생 수(명)	12	8	4	7	10

풀이 및 정답

1. 답

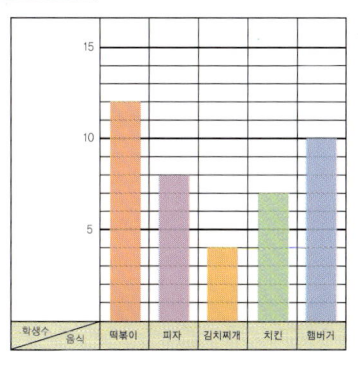

8단원 다시, 원래 세계로 (규칙 찾기와 문제 해결)

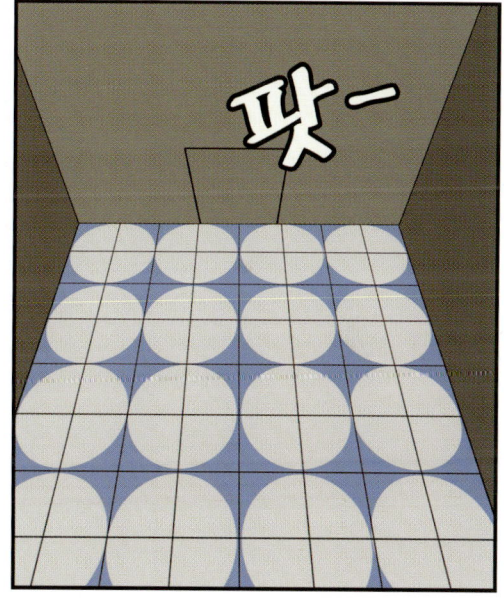

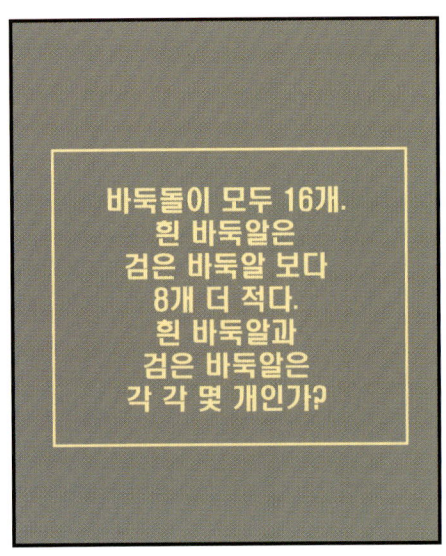

검은 바둑돌 (개)	15	14	13	12	11	10	9	8
흰 바둑돌 (개)	1	2	3	4	5	6	7	8

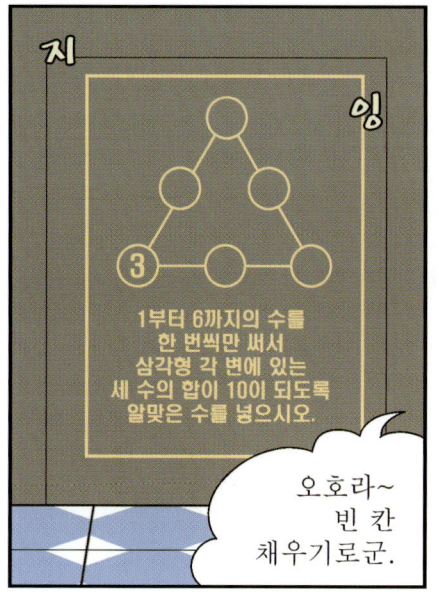

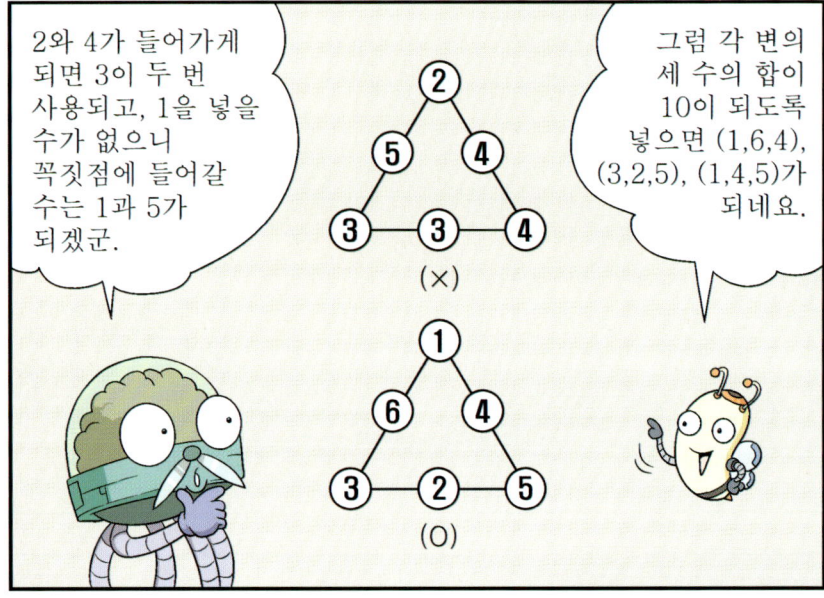

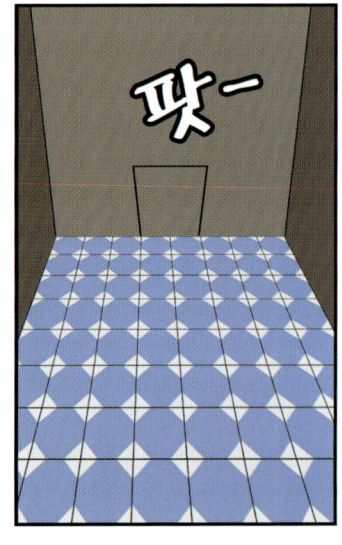

8단원 규칙 찾기와 문제 해결

■ 규칙을 정해 무늬 꾸미기

• 기본 도형을 사용하여 돌리기, 뒤집기, 밀기로 무늬 꾸미기

■ 규칙을 찾아 문제 해결하기

• 달력에서 규칙 찾기

11월 **1일**이 토요일이면, **8일**, **15일**, **22일**, **29일**이 토요일입니다.

7월 **24일**이 월요일이면 7월의 월요일은 **3일**, **10일**, **17일**, **24일**, **31일**입니다.

• 시계에서 규칙 찾기

 선으로 이은 수끼리 더하면 12입니다.

 선으로 이은 수끼리 더하면 13입니다.

■ 표를 만들어 문제 해결하기

• 문제에 나타난 사실을 표에 나타내고, 표에서 규칙을 찾아 문제를 해결합니다.

■ 예상과 확인으로 문제 해결하기

• 답을 예상하고 답이 맞았는지 확인합니다. 이런 과정을 반복하여 문제를 해결합니다.

술~술 풀어볼까!

| 8단원 |

1. 규칙을 찾아 무늬를 완성하세요.

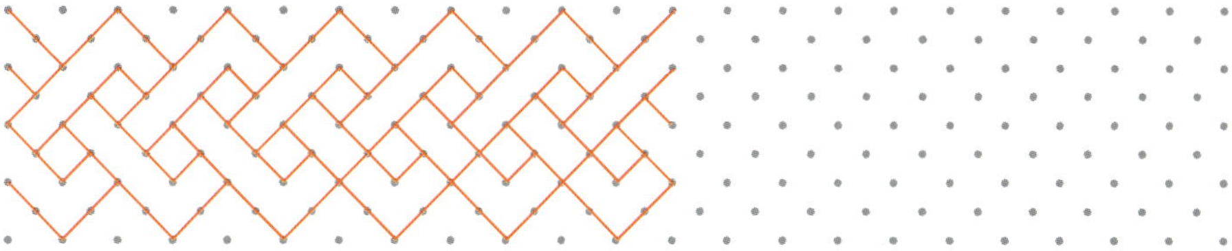

2. 규칙을 찾아 무늬를 완성하고, 예쁘게 색칠해 보세요.

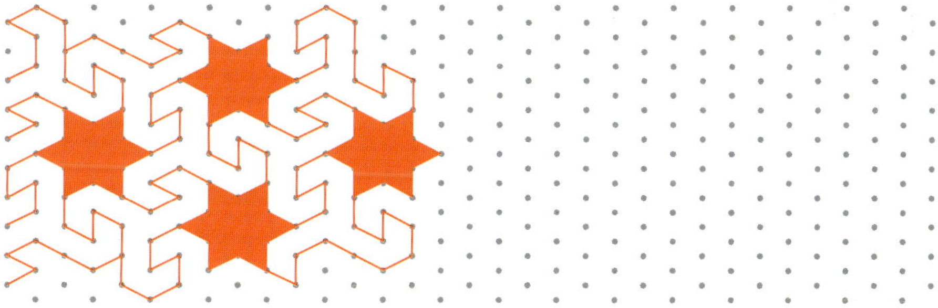

3. 준호와 영희는 가위바위보를 하여 이긴 사람이 계단을 한 칸씩 올라가는 놀이를 하였습니다. 30번 가위바위보를 하였는데 준호가 영희보다 8칸 더 많이 올라갔습니다. 준호와 영희가 각각 몇 번 승리하였는지 표를 만들어 알아보세요.

가위바위보 횟수					5					10					15					20					25					30
준호가 이긴 횟수																														
영희가 이긴 횟수																														

4. 다음 칸 안에 1부터 9까지 수를 넣어 가로, 세로, 대각선의 합이 모두 같도록 만들어 보세요.

풀이 및 정답

3. **답** 준호는 19번, 영희는 11번 이겼다.

4.

2	9	4
7	5	3
6	1	8

(정답 이미지는 뒤집혀 표시됨)

203